AF174974

Geschichten auf Spanisch
Niveau B1-B2 - Buch 2
- MIT AUDIO -

Für Spanischlerner entwickelt

Lade deine Audio-Dateien herunter:

Schritt 1: Gehe auf Esidioma.com/extras

Schritt 2: Trage den folgenden Code ein:

uAiOi

Bei Fragen wende dich gern an: info@Esidioma.com

esidioma.com

Índice

Lerne mit uns Spanisch!
Wir haben alles, was du zur Verbesserung deiner Sprachkenntnisse brauchst

Copyright © Esidioma
Texte: José Antonio Santiago
Gestaltung: Esidioma Team
Bilder: pexels.com
ISBN - 978-84-16971-88-6
Pflichtexemplarnummer - AS 02225-2024

Alle Rechte vorbehalten. Die teilweise oder vollständige Vervielfältigung und Verbreitung aller Inhalte dieses Werkes ist nur nach ausdrücklicher schriftlicher Zustimmung des Herausgebers erlaubt.

El secreto del éxito
Das Geheimnis des Erfolgs

Vocabulario

1.	súbdito	Untertan
2.	instruido	gebildet
3.	enriquecerse	reich werden
4.	contiguo	nebeneinander
5.	aliado	Verbündeter
6.	poderoso	einflussreich, mächtig
7.	adinerado	wohlhabend
8.	lingote	Barren (Goldbarren)
9.	reinado	Herrschaft
10.	pobreza	Armut
11.	rodearse	ein Umfeld haben
12.	reino	Königreich
13.	destino	Schicksal
14.	riqueza	Reichtum
15.	influir	Einfluss haben
16.	inesperado	überrascht
17.	relato	Bericht, Geschichte
18.	majestad	Majestät
19.	sentenciar	urteilen
20.	asombrado	erstaunt
21.	éxito	Erfolg
22.	admirar	bewundern
23.	oportunidad	Gelegenheit
24.	administrar	führen, verwalten
25.	esperanza	Hoffnung

El secreto del éxito

En la sociedad de hoy en día, existe un debate aún sin resolver: ¿Cuál es el secreto del éxito? Esto mismo se preguntaba hace siglos un rey, al que todos admiraban por su habilidad para administrar su reino. Le gustaba conocer la opinión de sus súbditos, independientemente de su edad y profesión, y nunca perdía la oportunidad de buscar consejo incluso entre los menos instruidos.

Una vez, estando de visita en un pequeño pueblo, decidió conocer mejor a sus habitantes y escogió para ello a dos vecinos que vivían en casas contiguas. A pesar de su pobreza, ambos tenían la esperanza de enriquecerse algún día.

Das Geheimnis des Erfolgs

In der heutigen Gesellschaft gibt es noch immer eine ungelöste Debatte: Was ist das Geheimnis des Erfolgs? Ein König, den alle dafür bewunderten, wie er sein Königreich führte, stellte sich genau diese Frage. Er wollte immer die Meinung seiner Untertanen wissen, unabhängig von deren Alter und Beruf, und ließ sich keine Gelegenheit entgehen, Rat einzuholen, selbst bei den am wenigsten Gebildeten.

Als er einmal eine kleine Stadt besuchte, beschloss er, deren Bewohner besser kennenzulernen und wählte zu diesem Zweck zwei Nachbarn aus, die direkt nebeneinander wohnten. Trotz ihrer Armut hofften beide, eines Tages reich zu werden.

—¿Dónde piensan ustedes que reside el secreto del éxito en la vida? —les preguntó el rey.

—El secreto está en tener amigos ricos. No hay nada como rodearse de aliados poderosos —afirmó con seguridad el primer vecino.

—Pues yo pienso que todo depende de la suerte. Sin ella, no se puede llegar a nada en esta vida. La buena fortuna es lo que decide nuestro destino —respondió convencido el segundo.

El rey recordó entonces que, al comienzo de su reinado, había obtenido su riqueza gracias a la ayuda de parientes y amigos adinerados. Por lo tanto, estaba más de acuerdo con el primer vecino, ya que la suerte no había influido en su vida. Sin embargo, quiso poner en marcha un experimento para confirmar su teoría, por lo que decidió regalar al primer vecino una tarta con una sorpresa en su interior: un lingote de oro lo suficientemente grande como para cambiarle la vida

»Worin liegt Ihrer Meinung nach das Geheimnis des Erfolgs im Leben?«, fragte sie der König.

»Das Geheimnis liegt darin, reiche Freunde zu haben. Nichts ist wichtiger, als ein Umfeld aus einflussreichen Verbündeten«, war sich der erste Nachbar sicher.

»Nun, ich denke, dass alles vom Glück abhängt. Ohne Glück erreicht man nichts im Leben. Das Glück entscheidet über unser Schicksal«, antwortete der Zweite überzeugt.

Da erinnerte sich der König daran, dass er zu Beginn seiner Herrschaft seinen Reichtum dank der Hilfe wohlhabender Verwandter und Freunde erlangt hatte. Deshalb stimmte er eher mit dem ersten Nachbarn überein, denn das Glück hatte keinen Einfluss auf sein Leben gehabt. Er wollte jedoch seine Theorie mit einem Experiment bestätigen, und beschloss, dem ersten Nachbarn einen Kuchen zu schenken, in dem sich eine Überraschung befand: ein Goldbarren, groß genug,

a cualquiera. De este modo, el rey demostraría que el éxito depende de tener amigos ricos dispuestos a ayudar.

Al cabo de unos meses, el monarca regresó al pueblo donde vivían los dos vecinos. Se encontró con ellos, les preguntó por su vida y se sorprendió al escuchar que el primero vivía como siempre, es decir, sin riquezas. Pero aún más inesperado fue el relato del segundo, el cual se había construido una casa preciosa y había puesto en marcha una pequeña empresa que estaba consiguiendo muchos clientes.

—¿Te llegó mi regalo? —preguntó el rey al primer vecino.

—Sí, majestad, muchas gracias. Pero, como no me gusta mucho el dulce, le vendí la tarta a mi vecino.

—¡Vaya! Parece que el éxito sí que depende de la buena suerte, —sentenció el rey asombrado.

um das Leben eines jeden zu verändern. So würde der König beweisen, dass der Erfolg davon abhängt, dass man reiche Freunde hat, die einem helfen wollen.

Nach einigen Monaten kehrte der Monarch in die Stadt zurück, in der die beiden Nachbarn lebten. Er traf sie, fragte nach ihrem Leben und erfuhr überrascht, dass der erste wie immer lebte, also ohne Reichtum. Aber noch unerwarteter war der Bericht des zweiten, der sich ein wunderschönes Haus gebaut und ein kleines Unternehmen gegründet hatte, das viele Kunden gewann.

»Hast du mein Geschenk bekommen?«, fragte der König den ersten Nachbarn.

»Ja, Eure Majestät, vielen Dank. Da ich Süßes jedoch nicht besonders mag, habe ich den Kuchen an meinen Nachbarn verkauft.«

»Oh! Es scheint, dass der Erfolg tatsächlich vom Glück abhängt«, urteilte der erstaunte König.

Ejercicios

1 ¿Verdadero (V) o falso (F)?
Wahr oder falsch?

1. El rey buscaba consejo solo entre los más instruidos.
2. Los vecinos tenían la misma opinión sobre el éxito.
3. El rey había obtenido su riqueza gracias a la ayuda de parientes y amigos adinerados.
4. Al primer vecino no le llegó la tarta del rey.
5. El segundo vecino puso en marcha una pequeña empresa.
6. El primer vecino le vendió la tarta al segundo vecino.

2 Escoge la preposición correcta:
Wähle die richtige Präposition:

1. Hoy **de / en** día existe un debate aún **de / sin** resolver.
2. **Al / Por** cabo de unos meses, el monarca regresó al pueblo.
3. El secreto está **con / en** tener amigos ricos y rodearse **por / de** aliados poderosos.
4. Yo pienso que todo depende **de / a** la suerte. Sin ella, no se puede llegar **de / a** nada en esta vida.
5. El rey estaba más **en / de** acuerdo con el primer vecino porque la suerte no había influido **a / en** su vida.
6. El rey quiso poner **a / en** marcha un experimento.

3 Completa las frases con las siguientes palabras:
Vervollständige die Sätze mit den angegebenen Wörtern:

fortuna / súbditos / lingote / habilidad /
relato / reside / reino / destino

1. ¿Dónde _____ el secreto del éxito en la vida?
2. La buena _____ es lo que decide nuestro _____ .
3. Le regaló una tarta con un _____ de oro dentro.
4. El rey quería conocer la opinión de sus _____ .
5. Todos le admiraban por su _____ para administrar su _____ .
6. Aún más inesperado fue el _____ del segundo vecino.

4 Combina las columnas:
Verbinde die Spalten:

1. Los vecinos vivían en casas   a. interior
2. Ambos tenían la esperanza de   b. contiguas
3. El monarca tenía amigos   c. instruidos
4. La tarta tenía una sorpresa en su d. enriquecerse
5. Buscaba consejo entre los menos   e. teoría
6. El rey quería confirmar su   f. adinerados

Soluciones

Ejercicio 1: 1-F, 2-F, 3-V, 4-F, 5-V, 6-V
Ejercicio 2: 1-en, sin, 2-Al, 3-en, de, 4-de, a, 5-de, en, 6-en
Ejercicio 3: 1-reside, 2-fortuna, destino, 3-lingote, 4-súbditos, 5-habilidad, reino, 6-relato
Ejercicio 4: 1-b, 2-d, 3-f, 4-a, 5-c, 6-e

Una buena escuela
Eine gute Schule

Vocabulario

1.	enfrentarse	vor etw. stehen
2.	pareja	Paar
3.	enseñanza	Bildung
4.	decantarse	sich entscheiden
5.	prestigioso	renommiert
6.	papeleo	Papierkram
7.	encargarse	übernehmen (eine Aufgabe)
8.	patio del colegio	Hof
9.	arrugado	faltig
10.	burla	Hänselei
11.	dirigirse	in eine Richtung gehen/fahren
12.	parar	anhalten, jdn aufhalten
13.	prestar atención	Aufmerksamkeit schenken
14.	desgastado	erschöpft
15.	frágil	zerbrechlich
16.	crío	Kind
17.	señalar	auf etw. zeigen
18.	dudar	zögern
19.	descuidada	heruntergekommen
20.	darse por vencido	aufgeben
21.	sugerir	vorschlagen
22.	gesto	Geste
23.	barrio	Stadtteil
24.	equivocarse	sich irren
25.	probar suerte	sein Glück versuchen

Una buena escuela

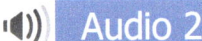

Encontrar un buen colegio es una de esas tareas a las que, tarde o temprano, se enfrentan todos los padres. Este fue el caso de una pareja que, durante meses, se había pasado el día informándose sobre diferentes escuelas, en busca de la mejor enseñanza posible para su hijo.

Finalmente, se decantaron por un colegio muy prestigioso, hicieron el papeleo correspondiente y esperaron impacientes el comienzo del curso. El primer día, fue el abuelo quien se encargó de llevar al niño a la escuela, ya que sus padres tenían que trabajar. Nada más llegar al patio del colegio, unos niños empezaron a reírse del anciano y de su rostro arrugado.

Eine gute Schule

Eine gute Schule zu finden, gehört zu den Aufgaben, vor denen früher oder später alle Eltern stehen. Hier geht es um ein Paar, dass monatelang Informationen über verschiedene Schulen gesammelt hatte, auf der Suche nach der besten Bildung für ihr Kind.

Schließlich entschieden sie sich für eine sehr renommierte Schule, erledigten den nötigen Papierkram und warteten ungeduldig auf den Beginn des Schuljahres. Am ersten Tag übernahm es der Großvater, den Jungen zur Schule zu bringen, da seine Eltern arbeiten mussten. Als sie auf den Schulhof traten, lachen einige Kinder über den alten Mann und sein faltiges Gesicht.

A pocos metros de ahí, un profesor, que decidió no prestar mucha atención a las burlas, avisó de que ya era la hora de entrar a clase. Mientras todos los niños dirigían sus pasos hacia el interior del edificio, el abuelo paró a su nieto.

—Este no es el tipo de escuela que necesitas. Nos vamos a casa. Voy a encontrarte algo mejor.

El anciano dejó a su nieto al cuidado de la abuela y se puso a recorrer las escuelas de la ciudad. En cada una de ellas, se concentró en observar la reacción de los niños al verlo. Hay que decir que el hombre, desgastado por una larga vida de durísimo trabajo, tenía un aspecto extremadamente frágil y vulnerable. En algunos colegios, los críos se reían de él y lo señalaban con el dedo, mientras que en otros, simplemente no le prestaban atención. Cuando estaba a punto de darse por vencido, se encontró con una escuela vieja y descuidada y entró al patio a probar suerte.

Ein paar Meter entfernt rief ein Lehrer, der den Hänseleien keine Aufmerksamkeit schenken wollte, dass es Zeit sei, zum Unterricht zu gehen. Während alle Kinder in das Gebäude gingen, hielt der Großvater seinen Enkel auf.

»So eine Schule brauchst du nicht. Wir gehen nach Hause. Ich werde etwas Besseres für dich finden.«

Der alte Mann ließ seinen Enkel bei der Großmutter und ging zu den Schulen der Stadt. Bei jeder konzentrierte er sich darauf, die Reaktion der Kinder auf ihn zu beobachten. Man sollte wissen, dass der Mann, erschöpft von einem langen Leben voller harter Arbeit, äußerst zerbrechlich und verletzlich wirkte. In einigen Schulen lachten die Kinder über ihn und zeigten mit dem Finger auf ihn, in anderen beachteten sie ihn einfach nicht. Als er schon aufgeben wollte, sah er eine alte, heruntergekommene Schule und betrat den Hof, um sein Glück zu versuchen.

—Hola, señor. ¿Está usted cansado? —preguntó un niño tras observar el lento caminar del viejo.

—Ahí hay un banco. ¿Quiere sentarse a descansar? —sugirió otro chico.

Al poco rato, un joven maestro hizo un pequeño gesto y los alumnos se fueron ordenadamente a sus respectivas aulas. El abuelo se dirigió a él:

—Buenos días. ¿Sería posible traer a mi nieto a esta escuela?

—Por supuesto —afirmó el maestro—. Pero como ve, el edificio es todo lo contrario a moderno. En este barrio hay opciones mucho mejores.

—Se equivoca. Su escuela es la mejor.

El abuelo contó lo ocurrido a los padres y estos no dudaron en llevar a su hijo a ese colegio donde, además de impartir educación, ayudan a que los niños se conviertan en buenas personas.

»Guten Tag, sind Sie müde?«, fragte ein Junge, als er den langsamen Gang des alten Mannes sah.

»Dort ist eine Bank. Möchten Sie sich hinsetzen und sich ausruhen?«, schlug ein anderer Junge vor.

Nach einer Weile machte ein junger Lehrer eine kleine Geste und die Schüler gingen geordnet in ihre Klassenzimmer. Der Großvater sprach ihn an:

»Guten Tag. Wäre es möglich, meinen Enkel an diese Schule zu bringen?«

»Natürlich«, sagte der Lehrer. » Aber wie Sie sehen, ist das Gebäude das komplette Gegenteil von modern. In diesem Stadtteil gibt es viel bessere Optionen.«

»Da irren sie sich. Ihre Schule ist die beste.«

Der Großvater schilderte den Eltern das Geschehene. Diese zögerten nicht, ihren Sohn zu dieser Schule zu bringen, wo sie die Kinder nicht nur bilden, sondern ihnen auch helfen, gute Menschen zu werden.

Ejercicios

1

¿Verdadero (V) o falso (F)?
Wahr oder falsch?

1. Los padres buscaban la mejor enseñanza para su hijo.
2. En el primer colegio el profesor castigó a los niños por hacerle burla al anciano.
3. El abuelo se puso a buscar un colegio mejor para su nieto.
4. En todos los colegios los niños lo señalaban con el dedo.
5. En la escuela vieja había un maestro joven.
6. Los padres no dudaron en llevar a su hijo al colegio viejo.

2

Escoge la preposición correcta:
Wähle die richtige Präposition:

1. Se decantaron **de / por** un colegio muy prestigioso.
2. El abuelo se encargó **a / de** llevar al niño a la escuela.
3. El profesor decidió no prestar atención **a / en** las burlas.
4. "¿Está cansado?" —preguntó un niño **después / tras** observar el lento caminar del viejo.
5. Los críos se reían **de / por** él y lo señalaban **con / por** el dedo.
6. Cuando estaba **en / a** punto de darse **por / de** vencido, se encontró **entre / con** una escuela vieja y descuidada.

3 — Completa las frases con las siguientes palabras: / Vervollständige die Sätze mit den angegebenen Wörtern:

gesto / rato / cuidado / enfrentan /
pasos / recorrer / desgastado / respectivas

1. Los niños se fueron ordenadamente a sus _____ aulas.
2. Todos dirigían sus _____ hacia el interior del edificio.
3. El anciano dejó a su nieto al _____ de su abuela y se puso a _____ las escuelas de la ciudad.
4. El hombre estaba _____ por una larga vida de trabajo.
5. Al poco ____ , un joven maestro hizo un pequeño ____ .
6. Todos los padres se _____ a esta tarea tarde o temprano.

4 — Combina las columnas: / Verbinde die Spalten:

1. El anciano tenía un aspecto
2. Hicieron el papeleo
3. Empezaron a reírse de su rostro
4. El edificio es todo lo contrario a
5. Les contó a los padres lo
6. Entró al patio a probar

a. moderno
b. arrugado
c. frágil
d. ocurrido
e. suerte
f. correspondiente

Soluciones

Ejercicio 1: 1-V, 2-F, 3-V, 4-F, 5-V, 6-V
Ejercicio 2: 1-por, 2-de, 3-a, 4-tras, 5-de, con, 6-a, por, con
Ejercicio 3: 1-respectivas, 2-pasos, 3-cuidado, recorrer, 4-desgastado, 5-rato, gesto, 6-enfrentan
Ejercicio 4: 1-c, 2-f, 3-b, 4-a, 5-d, 6-e

Diferentes puntos de vista
Verschiedene Sichtweisen

Vocabulario

1. atravesar	hindurchgehen, überqueren
2. tirar	ziehen
3. flaco	dünn
4. vergüenza	Scham
5. bajarse	absteigen
6. agotamiento	Erschöpfung
7. desmayarse	ohnmächtig werden
8. cuerda	Seil
9. aupar	hochhelfen
10. trecho	Strecke
11. obligar	zwingen
12. mayor	Älterer
13. incómodo	unangenehm
14. reanudar	fortsetzen
15. respeto	Respekt
16. criatura	Tier, Kreatur
17. torturar	quälen
18. viandante	Passant
19. ruborizarse	erröten
20. apenas	kaum
21. inútil	nutzlos
22. opinar	seine Meinung äußern
23. escapar	sich etw. entziehen
24. merecerse	verdienen
25. criticar	kritisieren

Diferentes puntos de vista

Un padre y su hijo estaban atravesando un pueblo de camino al mercado. El hombre iba montado a caballo, mientras que el joven caminaba al lado y tiraba del animal con una cuerda.

—¡Pobre muchacho! —se escuchó decir a una mujer—. Está tan flaco que apenas puede tirar del caballo. Y mientras tanto, su padre ni se inmuta. Oiga señor, ¿no le da vergüenza? Bájese del caballo y ayude un poco. Como el chico no descanse, se va a desmayar de agotamiento.

El padre no supo que responder, pero comprendió que la mujer tenía toda la razón del mundo. ¡Qué poco

Verschiedene Sichtweisen

Ein Vater und sein Sohn gingen auf dem Weg zum Markt durch ein Dorf. Der Mann ritt auf einem Pferd, während der Junge nebenher ging und das Tier mit einem Seil zog.

»Armer Bursche!«, hörte man eine Frau sagen. »Er ist so dünn, dass er das Pferd kaum ziehen kann. Und dem Vater ist das egal. Sie da, schämen Sie sich nicht? Stiegen Sie vom Pferd ab und helfen Sie mit. Wenn der Junge sich nicht ausruht, wird er noch ohnmächtig vor Erschöpfung.«

Der Vater wusste nicht, was er antworten sollte, aber ihm war klar, dass die Frau absolut recht hatte.

considerado había sido con su hijo! Nada más girar la siguiente esquina, se bajó del caballo y aupó a su hijo para que este fuera sobre el animal.

Padre e hijo continuaron un pequeño trecho, hasta que se oyó una nueva voz. Esta vez era un viejo que estaba sentado bajo un árbol.

—¡Eh, chico! Sí, tú, el que va a caballo. ¿Por qué obligas a tu padre a caminar? ¡Qué poco lo quieres! ¡Ya nadie respeta a sus mayores!

El hijo se sintió incómodo y pidió a su padre que se subiera al caballo junto a él. El hombre así lo hizo y reanudaron el camino, aunque no pasó mucho antes de sufrir una nueva interrupción.

—¡Pobre caballo! —espetó un tercer viandante—. ¿Cómo podéis torturar a esta criatura de semejante manera? Entre los dos le estáis rompiendo la espalda y lo vais a terminar matando. Pobrecito.

Wie rücksichtslos er gegenüber seinem Sohn gewesen ist! Sobald sie um die nächste Ecke gebogen waren, stieg er vom Pferd und hob seinen Sohn auf das Tier.

Vater und Sohn kamen eine kurze Strecke voran, als wieder jemand rief. Diesmal war es ein alter Mann, der unter einem Baum saß.

»Hey Junge! Ja, du auf dem Pferd. Warum zwingst du dein Vater, zu Fuß gehen? Du scheinst ihn nicht sehr zu lieben! Niemand respektiert mehr die Älteren!«

Dem Sohn war das unangenehm und er bat seinen Vater, mit ihm auf das Pferd zu steigen. Dies tat der Mann und sie setzten ihre Reise fort. Doch es dauerte nicht lange, bis sie erneut unterbrochen wurden.

»Armes Pferd!«, zischte ein dritter Passant. »Wie könnt ihr das Tier so quälen? Ihr beide macht ihm den Rücken kaputt und werdet es noch umbringen. Das Arme.«

El chico y su padre se ruborizaron. Les habían dado una buena lección sobre el respeto que merecen los animales. Así que no dudaron ni un instante en bajarse del animal y proseguir a pie. Pero, como era de esperar, apenas habían dado unos pasos, cuando se oyó una nueva protesta:

—¡Oigan! ¿Por qué van a pie con el calor que hace? ¿Es que el caballo no les puede llevar? ¡Qué animal más inútil!

El padre sonrió, dio al caballo un poco de comida y posó la mano sobre el hombro del chico.

—Ya ves, hijo mío, —dijo con un tono de resignación—. No importa lo que hagas en la vida, ya que siempre te encontrarás con alguien dispuesto a criticarte. A todo el mundo le gusta opinar y no hay forma de escapar de ello. Así que, haz siempre lo que creas que está bien y no prestes atención a las críticas.

Der Junge und sein Vater erröteten. Sie hatten eine gute Lektion über den Respekt gegenüber Tieren erhalten. Also stiegen sie ohne zu zögern von dem Tier ab und gingen zu Fuß weiter. Doch wie zu erwarten war, gingen sie kaum ein paar Schritte, als ein neuer Protest laut wurde:

»Hören Sie! Warum gehen Sie bei der Hitze zu Fuß? Kann das Pferd sie nicht tragen? So ein nutzloses Tier!«

Der Vater lächelte, gab dem Pferd etwas Futter und legte dem Jungen die Hand auf die Schulter.

»Siehst du, mein Sohn«, seufzte er. »Egal, was du im Leben tust, du wirst immer auf jemanden stoßen, der dich kritisieren will. Jeder äußert gerne seine Meinung, dem kann man sich nicht entziehen. Tu also immer das, was du für richtig hältst, und achte nicht auf Kritik.«

Ejercicios

1

¿Verdadero (V) o falso (F)?
Wahr oder falsch?

1. El padre y su hijo estaban atravesando un pueblo a pie.
2. El muchacho estaba flaco.
3. El hombre que estaba debajo del árbol, criticó al muchacho por obligar a su padre a caminar.
4. Al final, entre los dos, le rompieron la espalda al caballo.
5. El tercer viandante dijo que el animal era inútil.
6. El padre aconsejó a su hijo no prestar atención a las críticas.

2

Escoge la preposición correcta:
Wähle die richtige Präposition:

1. El hijo tiraba **del / por el** animal **a / con** una cuerda.
2. ¿Cómo podéis torturar **a / de** esta criatura **a / de** semejante manera?
3. No dudaron **en / por** bajarse del animal y proseguir **a / de** pie.
4. Como era **por / de** esperar, se oyó una nueva protesta.
5. El padre aupó **a / de** su hijo para que este fuera **en / sobre** el animal.
6. Siempre te encontrarás **con / por** alguien dispuesto **de / a** criticarte.

3 Completa las frases con las siguientes palabras:
Vervollständige die Sätze mit den angegebenen Wörtern:

espetó / sufrir / viandante / ruborizaron /
esquina / rompiendo / trecho / interrupción

1. Padre e hijo continuaron un pequeño _____ .
2. Nada más girar la siguiente _____ , se bajó del caballo.
3. No pasó mucho tiempo antes de _____ una
nueva _____ .
4. "¡Pobre caballo!" —_____ un tercer _____ .
5. Entre los dos le estáis _____ la espalda.
6. El chico y su padre se _____ .

4 Combina las columnas:
Verbinde die Spalten:

1. El hombre iba montado a
2. El joven caminaba al
3. A todo el mundo le gusta
4. Se va a desmayar de
5. Padre e hijo reanudaron el
6. Lo vais a terminar

a. opinar
b. camino
c. caballo
d. agotamiento
e. lado
f. matando

Soluciones

Ejercicio 1: 1-F, 2-V, 3-V, 4-F, 5-F, 6-V
Ejercicio 2: 1-del, con, 2-a, de, 3-en, a, 4-de, 5-a, sobre, 6-con, a
Ejercicio 3: 1-trecho, 2-esquina, 3-sufrir, interrupción, 4-espetó, viandante, 5-rompiendo, 6-ruborizaron
Ejercicio 4: 1-c, 2-e, 3-a, 4-d, 5-b, 6-f

El estudiante
Der Student

Vocabulario

1.	frustrado	frustriert
2.	ausente	abwesend
3.	regresar	zurückkehren
4.	el extranjero	Ausland
5.	personalidad	Charakter, Persönlichkeit
6.	siglo	Jahrhundert
7.	tormenta	Sturm
8.	ofrecimiento	Angebot
9.	apresurarse	sich beeilen
10.	refugio	Unterschlupf
11.	codicia	Gier
12.	ira	Wut
13.	envidia	Neid
14.	amistosamente	freundlich
15.	calmado	ruhig
16.	habilidad	Fähigkeiten
17.	fiar	vertrauen
18.	gentilmente	sanft
19.	magnánimo	großherzig, großzügig
20.	cortesía	Höflichkeit
21.	entristecer	betrüben
22.	bondad	Güte
23.	en vano	vergeblich
24.	disparatado	aberwitzig
25.	pícaro	hämisch, listig

El estudiante

Hace un par de siglos, en una tierra lejana y olvidada, un joven a lomos de un caballo regresaba a casa tras siete años ausente. Había estado en el extranjero, en una prestigiosa universidad, estudiando una ciencia muy poco habitual: cómo identificar la personalidad de un individuo a través de su cara.

El viaje hasta su país era duro, pues requería varias semanas. Una tarde, el joven estaba atravesando un pequeño pueblo, cuando estalló una feroz tormenta, por lo que se apresuró a buscar un lugar en el que pasar la noche. Preguntó a varias personas hasta que finalmente, dio con un hombre que le ofreció refugio en su casa.

Der Student

Vor mehreren Jahrhunderten kehrte in einem fernen, vergessenen Land ein junger Mann nach sieben Jahren Abwesenheit zu Pferd nach Hause zurück. Er war im Ausland an einer renommierten Universität gewesen und hatte eine sehr ungewöhnliche Wissenschaft studiert: wie man den Charakter eines Menschen anhand seines Gesichts erkennt.

Die Reise in sein Land war beschwerlich, da sie mehrere Wochen dauerte. Eines Nachmittags war der junge Mann auf der Durchreise in einer kleinen Stadt, als ein heftiger Sturm ausbrach, und er wollte rasch einen Platz zum Übernachten finden. Er fragte mehrere Leute, bis er schließlich einen Mann fand, der ihm Unterschlupf in seinem Haus anbot.

El estudiante miró al desconocido y de inmediato creyó leer en su rostro codicia, ira y envidia. Sin embargo, sus gestos eran calmados y sonreía amistosamente. Por ello, a pesar de que las habilidades que había aprendido le decían que no se debía fiar del desconocido, decidió aceptar su ofrecimiento.

—Siéntete como en casa, —le dijo gentilmente el desconocido—. Mi casa no tiene lujos, pero es acogedora. Aquí está tu cama, y en la cocina hay carne y vino. Puedes coger todo lo que quieras.

La cortesía del hombre sorprendió y entristeció al estudiante a partes iguales. "Qué generosidad y bondad tan inesperada la de este hombre", empezó a reflexionar. "Me ha ofrecido todo lo que tiene con una amabilidad como no había visto en mucho tiempo. He estudiando siete años en vano, ya que no he sido capaz de leer la personalidad de este hombre tan magnánimo".

Der Student schaute den Fremden an und glaubte sofort, Gier, Wut und Neid in dem Gesicht zu lesen. Seine Gesten waren jedoch ruhig und er lächelte freundlich. So beschloss der Student, das Angebot anzunehmen, obwohl seine erworbenen Fähigkeiten ihm sagten, dass er dem Fremden nicht trauen sollte.

»Fühl dich wie zu Hause«, sagte der Fremde sanft. Mein Haus ist kein Luxus, aber es ist gemütlich. Hier ist dein Bett, und in der Küche gibt es Fleisch und Wein. Du kannst soviel nehmen, wie du willst.«

Die Höflichkeit des Mannes überraschte und betrübte den Studenten gleichermaßen. »»Wie unerwartet ist doch die Großzügigkeit und Güte dieses Mannes!«, dachte er. »Er hat mir alles angeboten, was er hat, mit einer Freundlichkeit, wie ich sie schon lange nicht mehr gesehen habe. Ich habe sieben Jahre lang vergeblich studiert, denn ich war unfähig, den Charakter dieses großherzigen Mannes zu erkennen.«

El joven se sentía tan frustrado, que no pudo pegar ojo en toda la noche. A la mañana siguiente, el hombre se le acercó y le entregó una nota.

—Aquí tienes la cuenta, —le informó con una mirada pícara— por todo lo que has comido y bebido, por la cama y por mis servicios.

—Pero, yo no tengo tanto dinero, —confesó el joven al leer la disparatada cifra ahí escrita—. No soy más que un estudiante.

—No te preocupes, podemos llegar a un acuerdo, —anunció el hombre mostrando un gran cuchillo—. Entrégame tu caballo y todo tu dinero.

—¡Con mucho gusto! Aquí tienes —dijo el estudiante con una amplia sonrisa.

—Pero, ¿por qué te has puesto tan contento? —el hombre no pudo esconder su sorpresa.

—Porque acabo de descubrir que mis siete años en la universidad no han sido en vano.

Der junge Mann war so frustriert, dass er die ganze Nacht kein Auge zudrücken konnte. Am Morgen kam der Mann auf ihn zu und überreichte ihm einen Zettel.

»Hier ist die Rechnung«, informierte er ihn mit einem hämischen Blick, »für alles, was du gegessen und getrunken hast, für das Bett und für meine Dienste.«

»Aber so viel Geld habe ich nicht«, gestand der junge Mann, als er die aberwitzige Zahl las. »Ich bin nur ein Student.«

»Keine Sorge, wir können uns einigen«, verkündete der Mann und hielt ein großes Messer hoch. »Gib mir dein Pferd und dein ganzes Geld.«

»Mit Vergnügen! Bitte schön«, sagte der Student mit einem breiten Lächeln.

»Aber warum freust du dich so?« Der Mann konnte seine Überraschung nicht verbergen.

»Weil ich jetzt weiß, dass meine sieben Jahre an der Universität nicht umsonst waren.«

Ejercicios

---

1 ¿Verdadero (V) o falso (F)?
Wahr oder falsch?

1. El joven pasó siete años estudiando en el extranjero.
2. Tuvo que buscar refugio debido a una feroz tormenta.
3. El joven no pudo pegar ojo en toda la noche porque no tenía dinero para pagarle al hombre por sus servicios.
4. El joven leyó bondad en el rostro del desconocido.
5. El joven llegó a pensar que había estudiado en vano.
6. El hombre se sorprendió al ver la amplia sonrisa del joven.

2 Escoge la preposición correcta:
Wähle die richtige Präposition:

1. Un joven **a / en** lomos de un caballo regresaba a casa **tras / por** siete años ausente.
2. Se apresuró **por / a** buscar un lugar **por / en** el que pasar la noche.
3. Dio **con / por** un hombre que le ofreció refugio en su casa.
4. La cortesía del hombre le sorprendió y entristeció **de / a** partes iguales.
5. No había visto tanta amabilidad **en / por** mucho tiempo.
6. No he sido capaz **a / de** leer la personalidad **en / de** este hombre tan magnánimo.

3 — Completa las frases con las siguientes palabras:
Vervollständige die Sätze mit den angegebenen Wörtern:

pegar / gentilmente / frustrado /
pícara / ofrecimiento / lujos / disparatada

1. El joven decidió aceptar su _____ .
2. Mi casa no tiene _____ , pero es acogedora.
3. El joven se sentía tan _____ , que no pudo _____ ojo en toda la noche.
4. "Aquí tienes la cuenta", —le informó con una mirada ___ .
5. Ahí estaba escrita una cifra _____ .
6. "Siéntete como en casa", —le dijo _____ el desconocido.

4 — Combina las columnas:
Verbinde die Spalten:

1. El joven había estado en el   a. vano
2. El viaje requería varias   b. extranjero
3. Una tarde, estalló una feroz   c. tormenta
4. El hombre le ofreció   d. semanas
5. Creyó leer en su rostro codicia y   e. envidia
6. He estudiado siete años en   f. refugio

Soluciones

Ejercicio 1: 1-V, 2-V, 3-F, 4-F, 5-V, 6-V
Ejercicio 2: 1-a, tras, 2-a, en, 3-con, 4-a, 5-en, 6-de, de
Ejercicio 3: 1-ofrecimiento, 2-lujos, 3-frustrado, pegar, 4-pícara, 5-disparatada, 6-gentilmente
Ejercicio 4: 1-b, 2-d, 3-c, 4-f, 5-e, 6-a

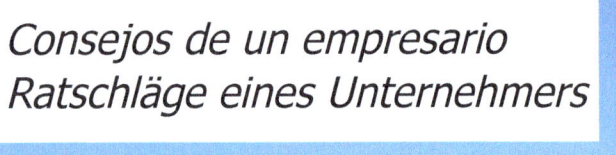

Consejos de un empresario
Ratschläge eines Unternehmers

Vocabulario

1. jubilado	pensioniert
2. orilla	Ufer
3. pesca	Fischerei
4. ejemplar	Exemplar
5. interrogar	ausfragen
6. empresario	Unternehmer
7. suponer	vermuten
8. bruscamente	abrupt
9. interrumpir	unterbrechen
10. oficio	Beruf
11. mentalizarse	sich auf etw. einstellen
12. satisfecho	zufrieden
13. rentable	profitabel
14. negocio	Geschäft
15. contratar	anheuern, einstellen
16. silueta	Silhouette
17. divisar	sehen, erkennen
18. retirarse	in den Ruhestand gehen
19. obvio	klar, offensichtlich
20. gestionar	leiten
21. rutina diaria	Tagesablauf
22. arrogancia	Arroganz
23. francamente	ehrlich gesagt
24. dedicar	widmen
25. barca	Boot

Consejos de un empresario

Un hombre de negocios, ya jubilado y con mucho tiempo libre, paseaba por la orilla del mar, cuando divisó la silueta de un pescador. Justo cuando pasaba junto a él, vio cómo sacaba un pez enorme.

—¡Qué ejemplar tan hermoso! Felicidades. ¿Cuánto tiempo se necesita para pescar algo así?

—Depende. Pero, más o menos, unas dos horas, —respondió el pescador mientras recogía sus cosas.

—Pero, ¿adónde vas? ¿No te quedas a seguir pescando? —interrogó sorprendido el empresario.

—¿Para qué? Con esto tenemos suficiente para comer todos en casa.

—Pero si solo son las diez de la mañana. ¿Qué vas a hacer el resto del día?

Ratschläge eines

Ein pensionierter Geschäftsmann, der viel Freizeit hatte, spazierte am Meeresufer entlang, als er die Silhouette eines Anglers sah. Gerade als er an ihm vorbeiging, sah er, wie dieser einen riesigen Fisch herausholte.

»Was für ein Prachtexemplar! Glückwunsch. Wie lange dauert es, so etwas zu fangen?«

»Kommt drauf an. Zirka zwei Stunden«, antwortete der Angler, während er seine Sachen einpackte.

»Wo willst du denn hin? Bleibst du nicht, um weiter zu angeln?«, fragte der Geschäftsmann überrascht.

»Wozu? Damit haben wir genug zu essen für alle bei mir zu Hause.«

»Aber es ist erst zehn Uhr morgens. Was machst du den Rest des Tages?«

—Pues ahora, cuando llegue a casa, supongo que jugaré con mis hijos un rato y luego me pondré a cocinar con mi mujer. Después de comer, suelo dormir la siesta. Por la tarde, siempre quedamos con amigos o vamos a dar un paseo con los niños, así que algo de eso haremos hoy. Después de cenar, ya veremos qué nos apetece: jugar a las cartas, leer algo, tocar la guitarra...

Mientras el pescador explicaba su rutina diaria, el empresario lo observaba con arrogancia. En un momento dado, lo interrumpió bruscamente:

—¡No, no, no! Lo estás haciendo francamente mal. Mira lo que tienes que hacer. Para empezar, debes dedicar más horas a tu oficio, así que empieza a mentalizarte con que debes pescar al menos doce horas al día. Ya verás como dentro de unos meses vas a poder comprarte una barca.

—¿Y después? —preguntó el pescador.

»Wenn ich gleich nach Hause komme, werde ich vermutlich eine Weile mit meinen Kindern spielen und dann mit meiner Frau zu kochen. Nach dem Essen mache ich meist ein Nickerchen. Nachmittags treffen wir uns immer mit Freunden oder gehen mit den Kindern spazieren, so etwas machen wir heute. Mal sehen, worauf wir nach dem Abendessen Lust haben: Karten spielen, etwas lesen, Gitarre spielen...«

Während der Angler seinen Tagesablauf erklärte, schaute ihn der Geschäftsmann arrogant an. Irgendwann unterbrach er ihn abrupt:

»Nein, nein, nein! Ehrlich gesagt, du machst das falsch. Mach es so: Erstens musst du deinem Beruf mehr Stunden widmen. Stell dich darauf ein, mindestens zwölf Stunden am Tag zu angeln. Du wirst sehen, in ein paar Monaten kannst du dir ein Boot kaufen.«

»Und dann?«, fragte der Angler.

—Después, podrás pescar de un modo más eficiente y tu negocio será más rentable. En unos pocos años, si todo te va bien y trabajas duro, podrás comprar más barcas y contratar a otros pescadores.

—¿Y después?

—Después, te recomiendo irte de este pequeño pueblo a una gran ciudad para abrir una oficina y gestionar desde allí tu negocio de pesca.

—¿Y después?

—Ah, después, —respondió satisfecho el hombre de negocios—, después viene lo mejor. Podrás vender tu empresa por una buena suma, para poder retirarte como he hecho yo.

—¿Y después?

—Pues es obvio. Después, podrás dejar de trabajar, comprar una casa en un pequeño pueblo a la orilla del mar, y dedicar tu tiempo libre a lo que te venga en gana: jugar con tus nietos, pasear con tu esposa, quedar con amigos, tocar la guitarra…

»Dann kannst du effizienter fischen und dein Geschäft wird profitabler sein. Wenn alles gut läuft und du hart arbeitest, kannst du in ein paar Jahren weitere Boote kaufen und andere Fischer anheuern.«

»Und dann?«

»Ich empfehle dir, dass du dann von diesem kleinen Ort in eine Großstadt ziehst, ein Büro eröffnest und von dort aus dein Fischereigeschäft leitest.«

»Und dann?«

»Ah, und dann«, antwortete der Geschäftsmann zufrieden, »dann kommt das Beste. Du kannst dein Unternehmen für einen guten Betrag verkaufen und in den Ruhestand gehen, so wie ich es getan habe.«

»Und dann?«

»Das ist doch klar. Dann kannst du aufhören zu arbeiten, ein Haus in einem kleinen Ort am Meer kaufen und deine Freizeit dem widmen, was du willst: mit deinen Enkelkindern spielen, mit deiner Frau spazieren gehen, Freunde treffen, Gitarre spielen…«

Ejercicios

1 ¿Verdadero (V) o falso (F)?
Wahr oder falsch?

1. El hombre de negocios quería jubilarse para dedicarse a la pesca.
2. A las diez de la mañana el pescador sacó un pez enorme.
3. El pez era suficiente para que comieran todos en su casa.
4. El empresario le explicó al pescador como ser más eficiente.
5. El pescador solía pasar poco tiempo con su esposa e hijos.
6. El empresario tenía envidia de la vida del pescador.

2 Escoge la preposición correcta:
Wähle die richtige Präposition:

1. **Por / Para** empezar, debes dedicar más horas **a / en** tu oficio.
2. Empieza **de / a** mentalizarte **con / por** que debes pescar **al / de** menos doce horas **al / en** día.
3. Después **a / de** cenar, vamos a jugar **a / en** las cartas.
4. **De / En** un momento dado, lo interrumpió bruscamente.
5. **En / Con** unos pocos años, podrás contratar **con / a** otros pescadores.
6. Podrás hacer lo que te venga **de / en** gana y quedar **por / con** tus amigos.

3 Completa las frases con las siguientes palabras:
Vervollständige die Sätze mit den angegebenen Wörtern:

pesca / orilla / rentable / divisó
gestionar / suelo / suma / francamente

1. Lo estás haciendo _____ mal.
2. Tu negocio será más _____ y podrás comprar más barcas.
3. Te recomiendo irte a una gran ciudad y _____ desde allí tu negocio de _____ .
4. Cuando paseaba por la _____ del mar, _____ una silueta.
5. Podrás vender tu empresa por una buena _____ .
6. Después de comer, _____ dormir la siesta.

4 Combina las columnas:
Verbinde die Spalten:

1. El hombre de negocios estaba   a. barca
2. El pescador explicaba su rutina   b. arrogancia
3. Vas a poder comprarte una   c. jubilado
4. Podrás pescar de un modo más   d. retirarte
5. El empresario lo observaba con   e. diaria
6. Podrás vender tu empresa para   f. eficiente

Soluciones

Ejercicio 1: 1-F, 2-V, 3-V, 4-V, 5-F, 6-F
Ejercicio 2: 1-Para, a, 2-a, con, al, al, 3-de, a, 4-En, 5-En, a, 6-en, con
Ejercicio 3: 1-francamente, 2-rentable, 3-gestionar, pesca, 4-orilla, divisó, 5-suma, 6-suelo
Ejercicio 4: 1-c, 2-e, 3-a, 4-f, 5-b, 6-d

Un traje impresionante
Ein beeindruckender Anzug

Vocabulario

1. confeccionar	fertigen
2. traje	Anzug
3. sastre	Schneider
4. medida	Maß
5. plazo	Frist
6. efectivamente	tatsächlich
7. pasmado	sprachlos
8. convencer	überzeugen
9. manga	Ärmel
10. caballero	Herr
11. amablemente	freundlich
12. inclinarse	sich lehnen
13. longitud	Länge
14. inconveniente	Problem, Unanehmlichkeit
15. sumamente	äußerst
16. percatarse	bemerken
17. grave	schlimm
18. apretar	drücken, eng sein
19. ancho	breit
20. obedecer	gehorchen
21. respiración	Atem
22. estrecho	eng
23. surgir	auftreten
24. abrochar	zuknöpfen, zumachen
25. defecto	Mangel, Defekt

Un traje impresionante

Un hombre, cansado de llevar siempre el mismo viejo traje, decidió acudir a un prominente sastre para que le confeccionara uno nuevo que siguiera la moda del momento. Tras tomarle las medidas, el sastre le pidió que volviera en dos semanas y, una vez cumplido el plazo, todo estaba listo. El hombre, ayudado por el sastre, se vistió y, de inmediato, se quedó pasmado ante el espejo: ¡El traje era impresionante!

Sin embargo, el hombre notó que algo no estaba del todo bien y así lo hizo saber:

—Disculpe, pero yo diría que la manga derecha es más corta que la izquierda.

Ein beeindruckender Anzug

Ein Mann, der es satthatte, immer den gleichen alten Anzug zu tragen, beschloss, zu einem bekannten Schneider zu gehen, damit dieser ihm einen neuen Anzug nach der aktuellen Mode fertigte. Nachdem er seine Maße genommen hatte, bat ihn der Schneider, in zwei Wochen wiederzukommen. Als die Frist verstrichen war, war alles fertig. Der Mann zog den Anzug mithilfe des Schneiders an und stand sprachlos vor dem Spiegel. Der Anzug war beeindruckend!

Der Mann bemerkte jedoch, dass etwas nicht ganz stimmte und teilte es dem Schneider mit:

»Entschuldigen Sie, aber ich würde sagen, dass der rechte Ärmel kürzer als der linke ist.«

—No, caballero. No es que la manga sea corta, es que su brazo es demasiado largo —indicó amablemente el sastre—. Inclínese hacia la derecha y verá que la manga posee la longitud adecuada.

El hombre, siguiendo las indicaciones, se inclinó hacia la derecha y, efectivamente, la manga ya no parecía tan corta. ¡Menudo traje más impresionante! No obstante, se percató de que el cuello del traje le apretaba un poco.

—El cuello del traje está bien —explicó el sastre—. Lo que pasa es que usted tiene un cuello demasiado ancho. Incline la cabeza hacia la izquierda y verá.

El hombre obedeció y comprobó satisfecho que el cuello de su impresionante traje ya no era tan estrecho. A pesar de ello, surgió un tercer inconveniente: el hombre no lograba abrochar los botones de la chaqueta.

»Nein, mein Herr. Der Ärmel ist nicht zu kurz, sondern Ihr Arm ist zu lang«, sagte der Schneider freundlich. »Lehnen Sie sich nach rechts, Sie werden sehen: Der Ärmel hat die richtige Länge.«

Der Mann beugte sich wie angewiesen nach rechts und tatsächlich schien der Ärmel nicht mehr so kurz zu sein. Was für ein beeindruckender Anzug! Allerdings bemerkte er, dass ihm der Kragen des Anzugs etwas eng war.

»Der Kragen des Anzugs ist gut so«, erklärte der Schneider. »Ihr Hals ist zu breit. Neigen Sie Ihren Kopf nach links und Sie werden sehen.«

Der Mann gehorchte und stellte zufrieden fest, dass der Kragen seines eindrucksvollen Anzugs nun nicht mehr so eng war. Doch es trat ein drittes Problem auf: Der Mann konnte das Jackett nicht zuknöpfen.

—¡Ah! Eso se debe a que está usted demasiado gordo —argumentó el sastre—. Aguante la respiración e intente abrocharse de nuevo.

El hombre contuvo la respiración y, en efecto, pudo abrochar la chaqueta. Así, poco a poco, el sastre fue convenciendo al hombre de que las imperfecciones del traje eran, en realidad, defectos de su cuerpo. Al final, pagó por el traje y salió a la calle adoptando una postura sumamente incómoda que apenas le permitía caminar. Al cabo de un rato, dos mujeres pasaron a su lado. Cuando el hombre ya se había alejado y no podía escucharlas, una de ellas comentó a la otra:

—¡Pobre hombre! Me da la sensación de que padece algún tipo de enfermedad grave. A duras penas puede caminar.

—Tienes razón —afirmó la otra—. Pero, ¿te has fijado en su traje? ¡Es impresionante!

»Ah! Das liegt daran, dass Sie zu dick sind«, argumentierte der Schneider. »Halten Sie die Luft an und versuchen Sie erneut, die Knöpfe zu schließen.«

Der Mann hielt den Atem an und schaffte es tatsächlich, das Jackett zuzuknöpfen. So überzeugte der Schneider den Mann nach und nach davon, dass die Unvollkommenheiten des Anzugs in Wirklichkeit Mängel seines Körpers waren. Am Ende bezahlte er den Anzug und ging in einer äußerst unbequemen Haltung auf die Straße, mit der er kaum gehen konnte. Nach einer Weile gingen zwei Frauen an ihm vorbei. Als der Mann sich entfernt hatte und sie nicht hören konnte, sagte eine zur anderen:

»Der arme Mann! Ich glaube, dass er an einer schweren Krankheit leidet. Er kann ja kaum laufen.«

»Du hast recht«, sagte die andere. »Aber ist dir sein Anzug aufgefallen? Er ist beeindruckend!«

Ejercicios

---

1 ¿Verdadero (V) o falso (F)?
Wahr oder falsch?

1. El hombre quería un traje que siguiera la moda del momento.
2. El sastre no tomó bien las medidas y no cumplió el plazo.
3. El hombre se quedó pasmado de lo mal que le quedaba el traje.
4. La manga derecha era más corta que la izquierda.
5. El hombre apenas podía caminar por un problema de salud.
6. A la mujer le pareció que el traje era impresionante.

2 Escoge la preposición correcta:
Wähle die richtige Präposition:

1. Un hombre, cansado **de / por** llevar siempre el mismo viejo traje, decidió acudir **con / a** un prominente sastre.
2. El hombre, ayudado **con / por** el sastre, se vistió y, **de / por** inmediato, se quedó pasmado **delante / ante** el espejo.
3. Poco **a / en** poco, el sastre fue convenciendo **al / del** hombre **con / de** que su cuerpo tenía muchos defectos.
4. Se percató **en / de** que el cuello del traje le apretaba.
5. Eso se debe **de / a** que usted está demasiado gordo. Aguante la respiración e intente abrocharse **por / de** nuevo.
6. ¿Te has fijado **de / en** su traje? ¡Es impresionante!

 **3** Completa las frases con las siguientes palabras:
Vervollständige die Sätze mit den angegebenen Wörtern:

pesar / menudo / plazo / imperfecciones
inconveniente / cuerpo / sumamente / cabo

1. Una vez cumplido el _____ , todo estaba listo.
2. A _____ de ello, surgió un tercer _____ .
3. ¡ _____ traje más impresionante!
4. Las _____ del traje eran defectos de su _____ .
5. Al _____ de un rato, dos mujeres pasaron a su lado.
6. Salió a la calle, adoptando una postura _____ incómoda.

4 Combina las columnas:
Verbinde die Spalten:

1. La manga posee la longitud   a. respiración
2. El cuello del traje le   b. adecuada
3. El hombre contuvo la   c. grave
4. A duras penas puede   d. apretaba
5. Padece algún tipo de enfermedad   e. caminar
6. Incline la cabeza hacia la   f. izquierda

Soluciones

Ejercicio 1: 1-V, 2-F, 3-F, 4-V, 5-F, 6-V
Ejercicio 2: 1-de, a, 2-por, de, ante 3-a, al, de, 4-de, 5-a, de, 6-en
Ejercicio 3: 1-plazo, 2-pesar, inconveniente, 3-Menudo,
4-imperfecciones, cuerpo, 5-cabo, 6-sumamente
Ejercicio 4: 1-b, 2-d, 3-a, 4-e, 5-c, 6-f

Notas

Notas

Copyright © Esidioma

Alle Rechte vorbehalten. Die teilweise oder vollständige Vervielfältigung und Verbreitung aller Inhalte dieses Werkes ist nur nach ausdrücklicher schriftlicher Zustimmung des Herausgebers erlaubt. Dies schließt alle Formen der elektronischen und drucktechnischen Reproduktion und Distribution mit ein. Wer gegen Urheberrechte verstößt, macht sich strafbar.